만인시인선·86

인동 장씨 내간

장혜랑 시집
인동 장씨 내간

만인사

시인의 말

쉽게 선명한 대답을 찾겠는가.
쓸쓸함이 이렇게 말했다.
시 속은 쓸쓸함으로 시답고 아름답다고.

혼자 가로수 길 오래 걸어
지금 여기, 이곳에 도착하였다.
그 흔적이 『인동 장씨 내간』임을 알겠다

차 례

시인의 말 ——————— 5

1

모란 ——————— 13
봄이 핀다 ——————— 14
네 잎 클로버 ——————— 15
쑥버무리 수 놓다 ——————— 16
호박꽃도 꽃이라고 ——————— 18
자작나무에 기대어 ——————— 19
벼꽃이 피는 이유 ——————— 20
무꽃 ——————— 22
맥문동 ——————— 23
새소리 ——————— 24
길고양이 ——————— 25
개망초 ——————— 26
꽃인사 ——————— 27

차 례

2

거미 ── 31
줄광대 ── 32
깊은 기억 속으로 ── 34
울대 ── 35
돈은 늘 아팠다 ── 36
나는 자연인이다 ── 38
혼자의 시간 ── 40
트위스트 추고 싶다 ── 41
불빛 ── 42
화분을 갈다 ── 43
내 꼴 같다, 꼭 ── 44
빈병 ── 46
등잔과 콩나물 ── 48
굴뚝에 기대어 ── 49

차례

3

낙동강에서 ──────── 53
  인동 장씨 내간 1
바위고개 ──────── 54
  인동 장씨 내간 2
우리 엄마는 ──────── 55
  인동 장씨 내간 3
사라호 태풍 때 ──────── 56
  인동 장씨 내간 4
너 저기 있었네 ──────── 57
  인동 장씨 내간 5
마당 꽃밭 ──────── 58
  인동 장씨 내간 6
백사장을 걷다 ──────── 59
  인동 장씨 내간 7
김 한 장 ──────── 60
  인동 장씨 내간 8

차 례

되는 일 ——————— 61
  인동 장씨 내간 9
산의 눈물 폭포인가 ————— 62
  인동 장씨 내간 10
화산 ————— 63
  인동 장씨 내간 11
담요 한 장 ————— 64
  인동 장씨 내간 12
신혼 ————— 65
  인동 장씨 내간 13
부르지 않아도 ————— 66
  인동 장씨 내간 14
초혼招魂 ————— 67
  인동 장씨 내간 15
그림 하나 ————— 68
  인동 장씨 내간 16

차 례

4

팔공산 오르며 ── 71
빙하의 알레스카 ── 72
비슬산 참꽃 ── 74
죽설헌에서 ── 76
가을 하늘 ── 78
구룡포에서 ── 80
포천찻집 ── 81
내 길이야 ── 82
디아크 ── 83

|해설|
'혼자'의 차이에 기대 쓴 한 존재론자의 편지
　신상조 ── 85

1

모란

그대
아무것도 내게 부탁한 일 없었는데
혼자 꽃 피우는 것 안타까워
몸 저리도록 떨리는

쓰디쓴 세월 한가운데
무엇으로도 가 닿지 못할 일 없는
고요한 봄날

마음 다한 끝에
모란꽃 붉게, 붉게 피었네

봄이 핀다

혼자 어디서나
서성거린 발걸음

쉬엇!

먼저 봄이 와 세월이 길을 내놓았다

바람 어디까지 피다 지고
오랜 눈물도 피다 지고 꽁꽁 언 얼음조차

온 산천 가슴이 한마디 섞지 않고

너 듣고 싶었던 말
다 해주겠다 한다

지금!

네 잎 클로버

1

허리굽은 할매 혼자 초록 풀밭에 앉아 이 더운 날 뭘 찾고 있습니다 길다면 길고 짧다면 짧은 내 청춘 반이라도 돌려도 큰 소리쳐 볼라고, 어제 왔던 것 어제 가고 오늘 오는 것 오늘 다시 꿈꾸듯 네 잎 클로버 찾는 중입니다

2

살다가 숨어버린 어린 날이 어른어른 기억날 때 까맣게 잊고 살았던 작은 기쁨의 날들 훈수 뜨다 내게도 기뻐 눈물까지 흘리던 행운의 날이 있었지요 오늘 잃어버린 행운 고맙게 잘 찾았습니다

쑥버무리 수 놓다

봄봄봄
이제 막 고개 내민 여린 향기
쑥쑥 올라온 쑥 캐며
진달래 화전 굽던 아름다운 그 날도 불러오고

이른 봄부터 여름까지 아버지는
출근하기 전 아침 일찍 들로 산으로 쑥을 캐
돌절구에 찧은 쑥즙 매일 주셨지요

여름쑥은 쓴데 이걸 장하게 마신다며
몸이 약한 걱정, 쑥물 밴 아버지 두 손
아침마다 쑥 찧던 소리 귀에 들리지요

봄처녀 같은 쑥 깨끗이 씻어
멥쌀 현미, 가루 옷 입히고 소금 약간
단호박 채 썰어 하트 세우고
대추 썰어 꽃 피우고
아버지 마음에 이제야 수 놓아 봤어요

인터넷까지 뒤져 만들었어요
쑥버무리 한 접시 꿀 한 종지 차 두 잔
아버지 엄마 드셔 보세요

그립고 고마운 눈물밖에 더 드릴 게 없어요

호박꽃도 꽃이라고

문 열자 저기 7호집
스티로폼 상자에 흙 덮고 살고있는
호박꽃 와! 호박꽃이 피었다
누구 오래 기다리다 처음으로 환영받는 너
살다가 이런 날도 있어야지

아침은 여기저기 바쁜 발자국 소리
낮엔 아무도 지나가지 않는 빈 공간
단 한 번도 화장하고 만난 적 없는
촌티 나는 그대와 나 금방 아는 사이가 되었다

너 언제 와 있었어?
잠시 기대고 싶은 호박꽃
누구일까 마음 속을 의심하는 사람보다
한마디 말 못 하는 호박꽃은 웃는다
나는 처음부터 그를 믿었다

자작나무에 기대어

　당신, 기다립니다 성전의 사제같이 누구를 기다리고 선 순백의 가인 잊었던 기억의 힘 믿고 언 길 따라 걷다가 찬 바위에 기대 푸른 하늘 더 가까이 다가간 직립으로 살아온 그대 봅니다

　몸으로 환히 꺼내놓은 고백을 보고도 아무것도 예상할 수 없는 속 검게 타들어 가본 당신의 마음을 만나고 싶었습니다 추위 견디기 위해 온몸 흰 가루 덮고 이 바람, 이 고요 속 귀명창 되어 당신의 자작자작 타는 가슴의 소리 듣습니다

　이것 밖에 더 없는 길 당신 만나기를 왜 이리 서성였는지 오래 서서 나를 기다려 준 당신, 고맙습니다

벼꽃이 피는 이유

흰 가루 묻은 듯
잠시 피었다 간 곳 없이 사라지는
부지런한 농부라야 만날 수 있는 벼꽃
암수같이 살아 다 갖춘 듯

바람 천둥에 묻혀도 조용한 순응의 앉음새
사람이 몸과 마음 다해 껴안았듯
푸른 들 황금 들판 너울너울 뉘고 펴며
먹을 것 걱정마라 첩첩 눈물 닦아 줄게

있는 듯 없는 듯 해마다 벼꽃 핀다
수고하지 않은 공중의 새 짐승 곤충까지
너희 밥 내가 줄께

언제부터 먹을 것 철철 넘쳐
벼꽃 몰라도 안타까울 것 없는
배부터 먼저 나온 이 무지
해마다 고개 숙인 벼 긴 목이

왜 제일 먼저 메이는지

나 없인 하루도 못 산다던
그래도 끝까지는 침묵하지 못할
너희 입들아!

무꽃

빈 병에 무 반 툭 잘라
흙 아닌 물 속에
절름발이 생 거룩히 떠받든
살아있을 시간 모두 거두어
조롱조롱 보랏꽃 피운 것들아!

속은 바람 들어 벌써 끝장인데
혼자 피 마르는 몸에 기대
자잘한 잎 달고 세상 나와 봤다 웃는 무순
바람이란 도둑걸음 깜박하는 사이
내 말문 닫게 열심히 싹 피워놓고
세상 찾아온 날부터 모자란 것 찾겠다

수없이 쓰러지며 달린 나보다
네가 누구인지 끝까지 밝혀내
꿈의 시간 당당히 만나는
무와 그 꽃들

맥문동

겨울 속에 쫓겨나온
산발한 여인 같은
시퍼렇게 누운 맥문동 긴 잎들

두꺼운 패딩 코트 입고
이미 온 겨울 지나가며 사람들 쯧쯧쯧
저 사정없이 엎어져 누운 작태 좀 보소!

땅속 숨은 흙이
뿌리 한 번 더 껴안고 달래는데
삶의 끝이 여기까지라면 슬픔은 그만 만나고 싶어
수 없이 매일 건너는 굿 모닝 인사하듯
팔월 속에 펼쳐진 보랏빛 꽃무리

겨울이면
끝도 없이 초라한 맥문동

새소리

아침 숲은 새들 떼창 속에 잠시 어지럽다

아침마다 새들은 하루의 시작 알린다
많이 가지고 똑똑해야 한다는 욕심 없이도
네가 나보다 왜 우는 날이 더 많은지
나는 아직 나 된 것을 몰라 자주 운다

먼 옛적부터 맑은 숲에서나 들을 수 있는
이들의 잔잔한 인사
우리 동네, 내 곁에 비가 오나 눈이 오나
아름다운 선물 받는 대답 이제부터라도 해야겠다

오늘 아침부터 부끄럽게 손 흔들었다

길고양이

 줄기차게 비 온다 아파트 빈자리 없이 주차해 놓은 좁은 공간 마주 쪼그리고 앉아 으으음 으음 떨며 신음소리낸다 고양이들 서로 물어 뜯고 육탄전부터 시작하는 줄 알았는데 2 한쪽은 타이르는가 1 한쪽은 고개 숙이고 있다 우산 들고 찾아오는 어미 없이 이렇게 캄캄하게 젖어 있다

개망초

한 살도 안 된 꽃들 사이
한 가지도 잘 났다 할 것 없는 개망초
오늘 하루 시작할 일처럼
소복한 꽃들 바람 따라 흔들린다

이유 없어 보이는
또는 크디큰 이유 있어 보이는
말 없는 이 삶이
시끄럽지 않게 헤매며 찾고 다녔을
너의 귀착지 색갈은
나 언제 저렇게 순수해 볼까

빈 들판
늘 가슴 속에 매여 사는 심장이 뛰며
금방 쫓아 나올 듯 나올 듯
개망초의 하루 저 혼자 저문다

꽃인사

꽃을 보면 알 일이다 지그시 눈 감은 듯 긴 시간에 파묻혀 있어 세상이 너 언제 다시 올래 문자 와서 열흘은 같이 지내겠다 약속을 했다 메모해 두고 돌아섰는데 새 잎 돋으며 얼마쯤 왔다고 또 어디 오는 중이라고 세세히 말해주는 예의 한 걸음 일찍 찾아와 약속을 지키는 사람보다 백배 더 아름다운 꽃의 인사 향기부터 다가왔다

2

거미

흰 허공
거문고 타듯
간당간당 죽은 듯
웅크린
명쾌한 답안처럼
재산 목록처럼
누구나 다 보라고
걸어놓은 저
청백리
투명집

줄광대

출렁, 줄을 굴려
몸이 딴 세상의 허락받을 때
느린 풍물재비의 바빠지는 장단
줄광대 서서히 줄타기한다

좁쌀 줍듯 아장아장 병아리걸음 걷다가
까치걸음으로 바꾸다가
휘영청 뜬 달로 뛰어올라
줄이 무기체 아닌 생명의 숨 넘는
공중제비를 난다

근심 많은 세상 어찌 그냥 건너랴
굴려라! 더 굴려라!
하늘 속 높이 들어가 춤의 혼 만날 때까지

길라잡이 공작털 바람 세기 가늠하고
단벌의 생이 삭아가도
태생의 이 신명은 버릴 수 없어

되느니 안되느니 조립할 일 없네

세상 사람 몇 빼놓고 다 아는
나는 춤추는 줄광대
저 허공 문 열고 마음껏 빛나라

깊은 기억 속으로
―정기후원. 굿네이버스에서

너는 늘 혼자 일어나지 못하고
누가 물어도 내가 누구라고 설명 못해
마음 출렁일 일 없는
하늘만 보는 하루 속
숨은 저 깊고 캄캄한 기억을

읽어버린 너 자신, 그 사람이 너인 줄 모르고
구구단을 노래처럼 불러 보라 가르치는 어미
나를 다 베껴 가져 가라
너는 내 생의 아픈 꽃

많이는 몰라도 울고 웃는 것
이게 사람 사는 재미고 눈치 아닌가
천둥처럼 한 번 나 여기 있다 울어 보라
천둥처럼 한 번 나 여기 있다 웃어 보라

세상의 것 중
끝까지 놓을 수 없는 너
아들아!

울대

바람처럼 떠다니는 오일장

여기 닭 팔아요!
주인 대신 수탉 눈치 없이
울대 뻗어 운다

노끈에 묶여 퍼덕이는 여럿
호소하듯 돌아가며 운다
울어라 마음껏 울어라

오늘 떠나 또 무엇으로 살리

돈은 늘 아팠다

돈의 표정은 하나 같이 다르다
오래 이사 다녀 허름한
자존심 세운 새것의 빳빳함
감춰져 오래 접혀있어 우울한
돌고 돌아 몸부림친 흔적
누가 누구에게 주고받고 기쁘고 분노했을까

때 묻은 지폐도 이쯤이면
사람의 마음 얼마만큼 읽을 것 같아
혼자 멈춰 있을 수 없음을
그의 길에는 주인이 수없이 바뀌었다

여린 우리 엄마 도시락 싸다
등록금 입학금 준비물 값 아침마다 줄 서서
손 내미는 일곱 자식
징글징글 아니고 내 앞이 복으로 그득하단다, 참

썩은 새끼줄에 목맨 듯

날아가는 까마귀에게도 돈 좀 빌려 달라했다는
해거름이면 추울까 더울까 대문 쪽 바라본
자식 많이 낳아 죄인이 된 엄마의 뼈아픔 속
천지가 뭔지 가맣게 분간 못한 우리가 있었다

나는 자연인이다

새벽부터 밤중이 되어도 TV는
내 몸 사용설명서, 천기누설, 건강 백 세
나는 자연인이다
국민들 반은 똑똑한 의사가 된
몸 모시고 사는 백세시대

참 억울한 진시황
불로초가 이렇게 흔한 세상인 줄
몰라도 너무 몰라 일찍 떠났다

콜라겐이라는 단어를 잊어버려 답답하다
누구의 도움도 받지 않고 기억으로 찾으리라
얼마 뒤 이 단어 찾고 있다는 것조차 잊어버렸다

어느 날, 누가 콜라겐이라며 찾아왔다
콜라겐 그래 콜라겐
어느 날 저절로 기억났지
벌써 샀어, 먹고 있다고

소비자가 왕인
불로초 들고 오는 택배기사 있고
바로 입으로 먹고 마시면 되는
오래 살기 시합하듯, 나까지
왜 이렇게 몸도 마음도 가난해져 몸부림인가

혼자의 시간

1
세미나 도착지까지 같이 왔는데 종가 종부인 시인 보이지 않는다 2박 3일 뒤 출발하는 차에 그가 탑승했다 아무도 말이 없다 코로나 19로 벅적이던 집 어쩌다 빈집이다 라면 퍼지듯 퍼질대로 퍼지고 싶어 의자에 앉자 어른어른 비 사이로 오래 잊었던 내가 낯설게 걸어 나온다

2
종부 시인
산속 깊이 들어간 그 어디
폐까지 다 열어 놔두고 싶었을
혼자의 시간 넉넉했을까

삶의 능청 그네 타며
고개 아프게 끄덕이며 비 오는 밖
오랜만에 고요하다

트위스트 추고 싶다

노래방 간판 보면
춤 한번 신나게 추고 싶어
이것도 못해보고 늙어 가기 싫어
누가 뭐랬나 춤춰 봐, 춰 봐

쓸쓸한 가을 왔다는 신호인가
언제 한 번 동창들 소환해
비용은 전부 내가 다 낼테니
다리 저리도록 한바탕 트위스트 춰 보고 싶어

낭만이 뭔지 모르고 지나간
영혼까지 눌렸던 청춘이 안쓰러워
하루, 다 던지고
꼭 트위스트 같이 한번 춰 봐

불빛

아파트 우거진 속
새벽 한 시 두 시 세 시
잠시, 어둠 속 여기저기 불빛 반갑다가
이 시간까지 눕지 못하고 뭔가 해야하는
팍팍한 일상이 안쓰럽다

아이 우는 소리 어미를 깨우고
밤이 밝아 더 무거운
편안한 밤이 쉽지 않는 시대
문명 속 편리함보다
더딘 아날로그

너무 똑똑하지 않아도 살만한 세상이라고
틀리는 것 적당히 고쳐가며
텅텅 빈 길 한 번씩 걸으며
왜 사는지
푸른 하늘 한 번 쳐다본다

화분을 갈다

작은 꽃나무는 작은 화분에 산다
이미 한계를 만들어준
화분 속 흙은 어디로 갔는지
뿌리만 꽉 차 있다

신문이나 TV에서
집 없는 무리는 흔들리면서 떠돈다
이 화분에서 저 화분으로
쳇바퀴 인생 상담하듯 세상을 익힌다
내가 꽃이 되어 그들의 삶을 들여다 봐도
손뼉 칠만큼 부럽지는 않다

지금은 분갈이 할 시간
또 다른 기다림을 찾다가
모르는 시간 분갈이는 가르쳐 준다

내 꼴 같다, 꼭

화분갈이를 했다
흙에 잘못된 성분이 섞였는지
온갖 벌레 나와 기고 날고 냄새는 또
거무티티한 독버섯까지 한 자리 차지해
참 열심이라는 말 여기 써도 되는지
제멋대로 피고 지고 피고 지고

살충제 뿌렸더니 과했는지
꽃도 잎도 뚝뚝 낙엽 지듯 떨어져
이젠 그만 뒤돌아서고 싶단다

수 없이 버리리라 해놓고
물주고 햇볕 쪽으로 데려다주며
오기 남았거든 기어이 살아봐라

깡마른 줄기
길 잃고 헤매다 더디게 집 찾아온
새순 한 잎 문안하듯 튼다

영영 일어서지 못할 것 같은
어느 한때
이렇게 퍼덕이며 살던 꼭 내 꼴이야!

빈병

길 가다 산산이 깨진 술병을 본다
누군가의 분노에 처절히 누운
쓸쓸한 불행조차 이미 끝났다

잡초 위에 누운 병
넌 왜 단 한 번의 회초리에 깨지나
앞뒤 없이 기세등등 잡초의 버럭질

누가 밟아도 죽지 않겠다는 꽉 문 이빨
열 번 백 번 일어나 보라
산과 들 땅의 틈새 한 자락까지
무참히 깨지는 병보다 잡초가 대단하다

늘 눅눅하게 젖은 사람은 자나 깨나 깨질 빈 병
질긴 생명의 선구자는
아무도 귀하게 여기지 않는 잡초처럼 밟혀보라
시련에 일어설 답이 있다는 말

아무도 없는 캄캄한 밤
깨어진 빈병 저 혼자 숨죽이며
오래 울었다

등잔과 콩나물

불꽃 그리워 기다리는 식탁
작은 앞접시만한 굽 있는 등잔
발목 하얀 콩나물 두 줄기
심지 꽂혀 산다

수반의 작은 공간
창밖 하늘하늘 출렁이는 바람에도
키다리가 된 너 걱정하며 고추세우는
너의 작은 여백이
내 가슴에 물밀 듯 들어올 때가 있다

어느새
수반의 물만으로도 살 수 있다
콩나물은 더 자주 물을 마신다

작은 수반이 키우는
콩나물 두 줄기에게서
나 혼자 알아듣는 희디흰 언어가 만난다

굴뚝에 기대어

먼 이국 생각지 않은
우리 것과 닮은 굴뚝을 보네

경복궁 아름다운 아미산 굴뚝
조건 없이 보여주는 그림이 된
연기 감싸안은 집

허공에 안긴 듯
깊은 산 속
납작한 너와집 한 채에도
한 마리 새 되어 날아오른 연기

무거운 짐 진 긴 날의 서사시
굴뚝의 손으로 써보내는
마지막 문장

3

낙동강에서
―인동 장씨 내간 1

강가 실없이 혼자 앉아
눈에 박혀오는 강물과 꽃에게
아무것도 더 묻고 싶지 않았다

강물 위에 핀 붉은 꽃잎들
앞서거니 뒤서거니 흩어지다 다시 모이고
불러도 원래 뒤는 안 돌아보는지
이미 의지해 버린 물과 하나 되어
때로 한자리 빙빙 돌 때
어디쯤 살아봤던 고향 기억나는가

가슴은 늘 쓰디쓴 집
이제 흐느낌 없을 저 꽃잎들
물에 뜬 너의 생이 한없이 넓어
춤추듯 출렁대는 뒷모습이 좋네

바위고개
―인동 장씨 내간 2

엄마 아버지
제 발자국 소리 들립니까

나무들은 누구하고 말하나
여기저기 우거진 그늘과도 살겠다
꽃도 피었네요

무덤에 잡초를 뽑다
종일 말해도 대답 한 자락 없어
바위고개* 혼자 여러 번 부르다
형제들 그리워 눈물이 흐른다

그 목소리들 귀에 마음에 내가 사는 날까지
같이 있을 것 같아 뒤돌아서 가는 여기까지
하늘하늘 손 흔들어 나를 보냈다

* 어머니의 애창곡

우리 엄마는
―인동 장씨 내간 3

어디로 다 가고 없는 시간들
가슴에 붉은 카네이션 달고
육칠십 년 전 그림이 앞을 막아선다
학교 가방 툇마루에 놓자마자
엄마에게 다가가 오늘 이런 것 배웠다며
마스게임 비슷한 서툰 춤 추던 그 날들

우리 엄마 또 아플까 봐
시시콜콜한 이야기까지
다 쏟아내고 손 씻고 밥 먹을 때
넓은 방 기쁨이 꽉 차 있던 날들

사라호 태풍 때
―인동 장씨 내간 4

　낙동강은 검붉은 바다 같았다 집, 짐승이 강물에 둥둥 떠내려가고 몸만 살아 있는 것, 귀 빠진 소쿠리에 가물치 메기 잉어 잡아다 머리에 이고 수 십리 어매 따라 발품 팔았다 '고기 사이소' 어매 한 번 나 한 번, 쉰 목소리로 외치고 다녔다 손가락으로 꾹꾹 누르면

　―고기 다 죽었네
　―고단해서 자요

고기 굽다 보면 아직도 고단해서 자냐
한 번씩 지나가는 바람처럼 물어 볼 때
죽은 고기보다 어매기 더 고단했던 것을
차마 묻지 못했던 오랜 날들

접시 종이 위에 기름 번진 자국
어매 눈물 홍건히 고인 것 같더니
어매보다 더 나이 많은 나이
내 눈물까지 섞여 어린다

너 저기 있었네
―인동 장씨 내간 5

우연히 꺼내 본 사진첩
기뻐 웃던 얼굴 보며 그 시간
그때 그리워할 오늘도 함께 숨어 있어
가을날 낙엽 밟듯 위로 받네

시간은 생물과 같아
실체에 귀 기우려 볼까 다가서면
밑그림도 보이지 않는 안개안개안개
끝도 없는 마음 혼자
아직도 높이 뜬 새처럼 날아보라 다그치네

어디서 낮은 바람 따라 번져오는 꽃향기
작은 날개 퍼덕이다 추락할까
곁을 지킨 내 외로운 긴 그림자
너 저기 있네

눈 온 듯 고고히 핀 매화 한 그루

마당 꽃밭
―인동 장씨 내간 6

추석날 북적이는 형제 친척들
이런 풍경 큰집에서 처음 본다고
콘크리트 마당 금이 가고 깨진 틈새
사이사이 채송화꽃 웃고 있다

형님 말씀, 잡초는 마음 놓고 뽑았는데
마음 써서 만든 꽃밭도 아닌데
그래도 꽃이라고
사람 다닐 자리까지 채면 없이 다 차지해
두 식구 조심해서 걸으면 용서 못하겠나
꽃피는 것, 아이들 웃음소리 같아
사람들 찾아와 동무해주는 것 같아 내가 더 고맙지

늙은 가지에 늘어져 누운 빨강 노랑 흰 분홍
무슨 색 꽃 누가 더 많이 피웠나 헤아리며
키 큰 맨드라미 혼자 대장 노릇 하느라 바쁜
허허한 마당 찾아와 준 채송아꽃
한 편의 산문같은 마당 꽃밭

백사장을 걷다
—인동 장씨 내간 7

모래는 언제나 혼자다
쉴새 없이 부르는 거센 파도에 닳아
소멸될지언정 너덜거리는 허세도 없다
흰 발바닥, 너까지 나를 밟는가 묻는다

꿈 한 자락 없이 할퀸
파도를 향해 천만 번 더 말했을
미사여구 다 빼고 그만, 그만 죽여줘
처절히 묶인 나를 스스로 죽을 수 있게 버려줘

주검처럼 누운 모래여
아무에게나 그 만남이 찾아오지 않아
고난의 관 씌운 뒤 영원한 바다의 주인으로
파도 모래가 이루어낸
여기는 영원한 바다다

김 한 장
―인동 장씨 내간 8

아버지 밥상에는 늘 김이 올랐다 기름종이에 수없이 싸고 싸도 여름이면 쪼글쪼글 보라색이 된 김 한 장을 먹을 수 있었다 아버지 늦게 들어오시는 날 자주 밥상 앞에 우리를 불러 한입씩 김밥을 싸주셨다

야들아! 시근없이 너거 애비 밥 모지래겠다 오매 놔두이소 다 귀한지 새낌미더 오매가 지 걱정하시듯이예 배급받은 김 한 장 나는 서슴없이 네 등분했다 동생은 가위로 밥 한 그릇 다 먹을 때까지 코스모스 한 송이 만큼씩 잘라 간장에 콕 찍어 먹었다

김 한 장 반듯하게 정리 안 된 기억으로 남아 신중해야 할 일에 답 안 나오면 가위로 김 조각조각 자르던 동생 당당하게 네 쪽으로 먹었던 나 지금이면 어느 선택을 하겠나 내게 따지듯 억지 쓰며 답해보라 묻는 옹졸함이 추억 속에 끼어 산다

되는 일
―인동 장씨 내간 9

꽃 지듯
포기한 가슴 시들어 누울 때쯤
될 일은 그때도 인기척 없이
될 일의 그리움처럼 서 있다

엄마가 까칠복숭아도 한이 차야 먹는다고
바람이 만들어내는 소문은
초조해하지 마라 약처럼 짚어주던 말
긴 세월 다 만나고 비바람 다 만나고
내게로 찾아오는 시간
그때가 될 일이 되는 날이다

산의 눈물 폭포인가
―인동 장씨 내간 10

큰 바위에 앉아
저 먼 산의 가슴, 눈으로 만진다
낮은 산등성이쪽 향해 걷다
긴 시름으로 살다 쓰러져 버린 고목
그 속 썩고 또 썩어 동굴이 된 초연함 앞에 서자
너 여기 뭘 더 알고 싶어 섰나

깊어지는 산길 속
혼자 서쪽으로 돌아 앉아
천둥같은 가슴 뜯는 물소리는 누군가
깊은 산중 골짝마다 흘러든 물길
쏟아지는 폭포의 호방함이 없었다면
추임새 넣듯 또 폭포는 얼마나 울었을까

누추한 내 집으로 웃으며 돌아가리니
나 보다 나이 많은 폭포가 자연이라 더 고맙네

화산
―인동 장씨 내간 11

이렇게 하면 다 버려지는가
끝이라는 말이 되는가

아무도 말리지 못한
무섭게 끓는 화산 속
끝내 내쫓지 못한 이 그리움이란
답은 얼마나 먼가

멀리서 오래 바라보던
세상 눈물들 주루루 흘렸다

담요 한 장
―인동 장씨 내간 12

대구 그랜드호텔 앞
대형 화분마다 담요 덮고 있다
담요 날아 갈까 테이프로 꽁꽁 싸매며
얼마나 춥냐 물었을
눈보라 속 누군가의 마음이 같이 있다

나무는 추운 겨울 당연히 이기고 산다고
마음에 못 박아 두고
못난 미로의 길 흔들리며 저울질하고 살 때
담요 한 장 먼저 덮어줄 줄 아는 이여

눈길에 첫 발자국 남기듯
그 마음 먼저 만난
그대가 부럽다

신혼
―인동 장씨 내간 13

하늘에 별 따준다기에 남자 평생 사랑밖에 없는 줄 알았다 마음은 어디 다 숨었는지 검소한 그가 벼르고 벼르다 외제차를 샀다 아이 쓰다듬듯 하루에 몇 번씩 조르르 나가 먼지를 닦는다 저기쯤 물러서 상처가 없는지 구석구석 어루만지다가 햇빛에 투영되는 빛을 오래 음미하다 차 문 닫고 집으로 들어왔다

아름다운 풍경 보기 얼마를 지났을까
여름날 잘 삭힌 물김치 맛
그 빛나던 외제차보다 엄지 척!
섭섭한 신혼을 덮어주었다

부르지 않아도
―인동 장씨 내간 14

내게 말 묻는 사람 없이 내 말 듣는 사람도 없이 오랜 세월 왜 이런 말도 아닌 소통을 하는지 매일 긴 이야기는 이렇게 이어집니다 가슴 밑으로 흐르는 말문을 열어 밑도 끝도 없는 서로 독백처럼 알아듣는 무정한 말들

    서로 의지하며 사는 일
    한 생 출렁출렁 넘치는
    인터넷이 친구일 망정
    따뜻하게 기댈 곳 없는
    이 시대 쓸쓸한 소통의 길 찾아
    구름같이 수 없이 흘러가도
    혼자 중얼거리다 덮는
    이 고독은

초혼 招魂
―인동 장씨 내간 15

자장자장
잠재우던 지붕 위로
함박눈 옛 이야기하듯
얕은 낮잠 개꿈 같은
허접하고 허전하게
아무것도 없는 먼 허공 걸어
수 없이 들어도 가슴 저미던
바이올린 소리 다 어디 두고
돌아설 날 언제 이렇게 먼저 배웠나

몸부림치는 이유도 모르는 바람 속
헉헉 숨만 터질 듯 말문 막히는 이런 게
영복아 영복아 내 동생 영복아

그림 하나
—인동 장씨 내간 16

긴 세월에도

떠내려가지 않고

가슴에 묻혀

영 내 것이 된

천수경

한 구절 법문

4

팔공산 오르며

깊은 밤 귀 밝을 때
가슴은 이 소리 찾을 수 있다
깨달은 선인들 글 속엔
오래 홀로 흘려보낸 땀이
절창을 만든다고
흙더미, 푸른 바위에 섞여
아무도 해지는 일 헤아리지 않았어도
산도 물도 나무까지
부르면 반가이 대답하는
구름 같은 사람들
팔공산 오른다

빙하의 알레스카

햇볕에 반사된 홀로 푸른 빛
얼음숲이 만들어지는 수백 년의 시간
이곳 찾으면 사진 찍지 말고
눈으로 보고 또 보라 하네

빙하 부서지는 소리 듣자고
궁금히 기다리는 무리 속에 끼어
아직 무너지면 안 된다는 안타까움이 강렬하지 않음은
그의 시대 끝자락에 닿았음인가

아득한 시간 속 물의 뼈로 섰다가
이제 물로만 유유히 흘러가며 살아 보겠다는 그를
오! 본다
오! 봤다

물이 빙하를 만들던 신비한 시간보다
무너지는 순간을 더 신비하게 느끼는

세상 어디 없이 천지사방 먼저 부수고 공격한
사람이란 도대체 뭐 할려고 태어난 누군가

아이젠 저벅저벅 끌며 걸어
답도 물음도 없는 허전하고 쓸쓸한
꿈길까지 찾아가 가슴 아픈 자연에게 묻고 싶은
이번엔 또 누가 천둥으로 무너지며 울 차례인가

얼음물 한 국자에 취해
꽃처럼 피었다 지는 꽁꽁 언 빙하에게
나이 헛먹은 철없는 건배!

비슬산 참꽃

바람 출렁대는 산중
종일 목젖 내놓고 웃고 있는
여리여리 이불 덮듯 흐드러진
참꽃 진달래 두견화

사람의 시간으론 잴 수 없는
너덜겅 계곡의 물소리가
선한 말 한마디 배워보라 권한다

푸른 하늘 밀어내며
하루의 끝맺음 인사하러
감당 못 할 붉은 무리 몰고 온 노을

하늘 땅 아래 위 꽉 눌린 한 가운데 서서
꽃길을 걷다가 붉게 피고 지는 노을 따라가다
이제, 술래 찾기에 수건 돌리듯
내게도 숨은 봄날 불러내야 할 차례인가
 깊은 서정의 숨은 길 자주 내밀어

바람에 가슴 두근거리는 산중
마음속 활활 태워보지 못한 날들
노을 속 비슬산 꽃불 속에 나를 마음껏 던진다

비슬산, 노을과 참꽃에게
엄지 척!

죽설헌에서

젖어 수북이 쌓인 낙엽 밟다가
미안하다 한마디 말도 없이
봄 여름 가을
고된 시절 다 보내고 다시 땅으로 돌아온 너
염치없이 밟을 자격 있나 싶다

한 줌 흙 덮어준 적 없는 대나무 저절로 커
누구도 밟을 수 없는 하늘 향해 뻗어
우린 썩어 다시 빛날 거야
낙엽은 가을의 아름다운 가객
제 자리 후회 없이 돌아와 안방처럼 누웠다

마음 다해 피고 진 몸
내 우울한 병 고치는 그대 되어
어서 오라
젖은 낙엽은 눈물이 뭔지 알고 있다

멀리서 밤이 오는지 별이 떠

저들 끼리 빛나고 어둠 오면 어둡고
찾아오고 싶은 곳 되고 기다리는 곳 되어주는
죽설헌의 박태후 화백이
소리 없는 물 같이 이리 깊어 보이나

가을 하늘

가없는 하늘
여기도 어디 바삐 가야 할 일 있는지

자동차 바퀴 건너간 자국 같은
허들한 옷 입은 사람 같은 구름
허공 덮으며 군무를 시작하는 새떼들
누가 얼마나 숙고한 뒤 책장 넘기듯 바뀌는
그림 그려 놓았나

땅은
하늘 위에 제 마음 새겨 놓고
하늘은 구름 앞세운 땅의 마음 찬찬히 읽는가

바라볼 누군가가 있어 제 마음 그리는
사람만 생각하고 사는 줄 알았다가
뭇 사물을 하늘 위에 그리는 언어
미사여구 없이도 늘 이렇게 아름답다

여기 한쪽은 캄캄한 어둠 덮혀
한데 섞여 살지 못하는 방랑의 구름도 잠시 서 있다
서툰 삶 나까지 끌어안는
어디까지 깊고 넓어 높은 하늘이 되었나
저 하늘은

구룡포에서

처음 만난 바다는 신기했다
친구와 장난치다 너울성 파도에 휩쓸려
정처 없이 떠내려 갔다

정신 차렸!
반세기 더 훌쩍 넘은 그 두려움
희미한 남자 음성 한 번 들은 것뿐
파도 속에서 나를 데리고 나온 그분

여름이면 가슴에 인사하듯 찾아온다
원수는 물에 새기고 은혜는 돌에 새겨라는 말
마음에 먼지 묻히며 살지 않으려 애쓴 시간들

어디서나 건강한 생生 사시기를
고맙습니다

포천찻집

마음을 배경으로 사진 찍듯
눈이 쓰러질 듯 내리는 이런 날
시래기 삶는 냄새를 기억하는
난로에서 타닥타닥 생나무 타는
무엇에 얽혀 있은 나를 풀어내고 있다

아득히 눈은 쌓이고
이 길 오래 걷다 보면
방금 지상에서 내려온 내가
뼈 없이 웃을 줄만 아는
하얀 눈사람 한 번 될 수도 있겠다

내 길이야

지리산 좁은 등산로
누군가 지팡이로 비키라는 신호
내 길이야! 그랬다

서로 한발 비켜서면 될 일
외양보다 헌칠하지 못한 마음 내민
서투른 허세 본다

때로 시가 잘 풀리지 않는 날
혼자 걷다가 불쑥 기억 나는
내 길이야란 말

어디든 혼자 언어 찾아 헤매는
이 신명의 맛 그대 모르지
내 길이야!

빛이나 명예 없이도
이렇게 헤매다니며 살고 싶은
시인의 길

디아크

강정보 높은 지붕 위
처음 보는 건축물
디아크

출렁출렁 물 위에 어린
푸른 하늘 바다인 줄 알았는지
한 마리 고래 막 비상하는 중이다

생의 끝에서도 기다릴
가없는 하늘이 쏟아내는
우주의 별들

| 해설 |

'혼자'의 차이에 기대 쓴 한 존재론자의 편지

신상조(문학평론가)

　작가가 남긴 편지는 순수 창작물과는 다른 차원에서 그의 문학과 삶에 대한 진실을 보여준다. 그 중에서도 빈센트 반 고흐의 편지는 자전적 요소가 풍부하기로 유명하다. 동생이자 후원자였던 테오에게 보낸 고흐의 수많은 편지를 읽고 나면, "천재도 순교자도 광인도 아닌, 고민하고 노력하는 소박한" 한 화가만이 우리의 가슴에 오롯이 남는다.
　고흐의 편지는 성공과 거리가 멀었던 그의 삶과 그림에 대한 '다른' 진실을 우리에게 들려준다. 고흐의 서간집이 보여주듯, 편지는 진실하고 솔직한 고백과 닿아있다.

　장혜랑의 『인동 장씨 내간』은 편지 형식을 주조로 하는 시집이다. 시집 3부에 수록된 '인동 장씨 내간' 연작을 통해 시집 전체가 편지 형식에 기울고 있음이 드러난다. 서정시는 근본 자기 고백적이나, 장혜랑의 시집이 편지 형식을 띠고 있다는 것은 그의 시가 절절한 고백으로 이루어져 있음을 짐작할 수 있는 대목이다. '내간'에는 다른 사람에게 온 편지인 '來簡'과 부녀자가 쓰는 편지를 가리키는 '內簡'이 있다. 장혜랑의 시집은 후자에 속한다. '인동 장씨'는 경상북도 구미시 인동동을 본관으로 하는 성씨다. 따라서 제목에서의 '내간'은 '인동 장씨'를 본관으로 삼은 부녀자의 편지라는 의미임이 분명해진다. 주지하다시피 '내간'은 내방(內房)에 유폐되다시피 살며 문밖 출입이 엄격하게 제약되던 조선시대 여인들의 의사 전달 수단이자 정서적 생활의 중요한 요소였다.

친정에 내왕하는 게 자유롭지 못했을뿐더러 모녀나 자매끼리도 서로 상면해서 길흉사 간에 애환을 함께 나누기 어려웠던 당대의 여성들을 돌아본다면, 장혜랑 시집의 제목이 '편지'가 아니라 굳이 '내간'이라는 점은 의미심장한 대목이다. '내간'은 내훈(內訓)을 내면화함으로써 가부장제에 순응할 수밖에 없었던 조선시대의 굴곡진 여성사를 환기하는 이름이기 때문이다.

그러나 『인동 장씨 내간』은 여성으로 태어난 걸 한스러워하던 전통은 부정적으로 계승하는 한편, "여인들이 고달픈 생활을 잠시 잊고 육친의 따뜻한 정을 가슴 깊이

맛보"던 '내간'의 밝은 축을 긍정적으로 계승한다. 이는 시인이 살아온 시대적 배경이 사회제도의 제약으로부터 비교적 자유로워서이기도 하겠지만, 일상의 근저를 이루는 낮고 소박한 존재들을 감싸안는 사랑과 연민, 그리고 그 일상적 삶의 반경 안에서 존재론적 성찰을 전개해나가는 시인의 성품과 태도가 빚어내는 승화의 양상이다. 서둘러 말하자면 '내간'은 삶의 욕구와 충동을 정신적 가치를 지닌 예술로 치환하여 충족하는 장혜랑 시의 한 형식이다. 시의 이해를 위한 첫걸음을 내디뎌 보자.

『인동 장씨 내간』을 펼치면 일차적으로 식물성의 세계가 우리를 맞이한다. 1부에 수록된 작품들 제목만 일별하더라도 '모란' '네 잎 클로버' '쑥' '호박꽃' '자작나무' '벼꽃' '무꽃' '맥문동' '개망초' '꽃'이란 명사들 사이에서 동물성이라야 고작 '새'와 '길고양이' 둘 뿐이다. 움직임에 주목하게 만드는 동물에 비해 식물은 정물에 가깝다. 식물은 움직임이라는 과정을 관찰하는 시선보다 부동의 형태에 대한 응시가 필요하다. 여기서 우리는 장혜랑의 시가 정적인 사물에 기대어 시인의 심상을 표현하는 데 능함을 짐작할 수 있다. 정적인 사물을 응시함은 그 대상의 본질을 바라본다는 것이고, 사물에 대한 이러한 사유 방식은 시인의 마음이 대상에 투영되는 동일시의 과정에 해당하기 때문이다.

「자작나무에 기대어」를 읽어 보자.

　당신, 기다립니다 성전의 사제같이 누구를 기다리고 선 순백의 가인 잊었던 기억의 힘 믿고 언 길 따라 걷다가 찬 바위에 기대 푸른 하늘 더 가까이 다가간 직립으로 살아온 그대 봅니다

　몸으로 환히 꺼내놓은 고백을 보고도 아무것도 예상할 수 없는 속 검게 타들어 가본 당신의 마음을 만나고 싶었습니다 추위 견디기 위해 온몸 흰 가루 덮고 이 바람, 이 고요 속 귀명창 되어 당신의 자작자작 타는 가슴의 소리 듣습니다

　이것밖에 더 없는 길 당신 만나기를 왜 이리 서성였는지 오래 서서 나를 기다려 준 당신, 고맙습니다
　―「자작나무에 기대어」 전문

시에서 인격화된 자작나무는 시의 초반부에서 성전의 사제와 같은 모습으로 묘사된다. 1연에서 화자는 순백의 색깔과 곧게 자라나는 외양을 한 자작나무를 가리켜 "기억의 힘 믿고" 누군가를 기다리며 "언 길"을 가는 자라 예찬하고 있다. 2연에서 화자는 "검게 타들어 가본 당신의 마음을 만나고 싶"다거나 "귀명창 되어 당신의 자작자작 타는 가슴의 소리 듣"고 싶다며 자작나무가

고통과 인고의 세월을 견뎌냈음을 강조한다. 그런데 3연에서 화자는 자작나무가 기다려온 대상이 다름 아닌 바로 자신이었음을 고백한다. 자작나무의 마음이 "검게 타들어" 갔음에도 불구하고, 실상 자기는 그가 "오래 서서" 기다리는 길로 곧장 가지 않고 서성였다는 말까지 덧붙인다.

 자작나무의 숭고함에 대한 믿음이 자신을 기다려준 것에 대한 응답이고, 나무의 기다림이 인고의 과정이었음을 이해하고 들어보려는 대목은 자작나무가 화자의 삶이 투영된 분신임을 에두르는 표현이다. "검게 타들어 가본 당신의 마음을 만나고 싶"다거나, "당신의 자작자작 타는 가슴의 소리 듣"고 싶다는 말은 자신의 속을 한번 "환히 꺼내놓"고 싶은 화자의 욕망을 치환해서 나타낸 것이다. 화자와 자작나무는 주체와 대상이 아니라 동일시를 통해 하나로 겹쳐진다.

 고요 속에 귀명창이 되어 자작나무의 본질을 깨닫듯, 화자는 자기 내면에 귀 기울임으로써 어느 순간 본인의 고통스러운 삶을 수용하는 순간이 있었다. 다시 말해 자작나무는 화자의 내면적 경험이 투영된 사물로, 화자가 "언 길"이라 표현하는 과정에서의 순결하면서도 의지적인 삶을 표상하는 객관적 상관물이다.

자연 사물과 감응하면서 그것을 바라보는 주체와 응시의 대상인 객체가 일치하는 서정시의 법칙은 장혜랑 시의 한 축이다. 그런데 이번 시집에서 유독 눈에 띄는 부분은 '혼자'라는 어휘의 잦은 출현이다. 모란은 "혼자 꽃 피우"(「모란」)고 있고, 무꽃 역시 "혼자 피 마르는 몸에 기대"(「무꽃」) 꽃 피우는 중이다. "개망초의 하루는 저 혼자 저"(「개망초」)물고 있으며, "아무도 없는 캄캄한 밤/깨어진 빈병"은 "저 혼자 숨죽"여(「빈병」) 울고 있다. "혼자 어디서나/서성거"(「봄이 핀다」)리던 화자의 눈에 "허리굽은 할매"가 "혼자 초록 풀밭에 앉아"(「네 잎 클로버」) 네 잎 클로버를 찾고 있는 풍경은 장혜랑의 시에서 낯설지 않다. 화자가 굿네이버스를 통해 후원하는 아이는 "늘 혼자 일어나지 못하고"(「깊은 기억 속으로—정기후원, 굿네이버스에서」), "혼자 멈춰 있을 수 없"(「돈은 늘 아팠다」)는 지폐만이 세상을 돌고 돌 따름이다. 화자는 작은 수반에서 자라는 식물의 "희디흰 언어"를 오직 "나 혼자 알아듣는"(「등잔과 콩나물」)다고 고백하거나, 강가에 "실없이 혼자 앉아"(「낙동강에서—안동 장씨 내간 1」) 흐르는 강물에 마음을 뺏긴다.

 내게 말 묻는 사람 없이 내 말 듣는 사람도 없이 오

랜 세월 왜 이런 말도 아닌 소통을 하는지 매일 긴 이야기는 이렇게 이어집니다 가슴 밑으로 흐르는 말문을 열어 밑도 끝도 없는 서로 독백처럼 알아듣는 무정한 말들

    서로 의지하며 사는 일
    한 생 출렁출렁 넘치는
    인터넷이 친구일 망정
    따뜻하게 기댈 곳 없는
    이 시대 쓸쓸한 소통의 길 찾아
    구름같이 수 없이 흘러가도
    혼자 중얼거리다 덮는
    이 고독은
    ─「부르지 않아도─인동 장씨 내간 14」 전문

  시작(詩作)으로써 시인은 "소통의 길"을 끝없이 시작하나, 그것은 "혼자 중얼거리다 덮는" 불통의 "고독"을 넘어서지 못한다. "내게 말 묻는 사람 없이 내 말 듣는 사람도 없이"라거나, "따뜻하게 기댈 곳 없"는 세상이란 시인의 고백에서 느껴지듯, '혼자'라는 어휘는 부득이하게 소외의식과 연결된다.
  인간은 근본 소외된 존재다. 무한한 우주를 생각할 때 인간은 참으로 유한하고 미소(微小)하다. 우주의 생성과 소멸, 삶과 죽음, 폐쇄와 열림 속에서 유기체이자 물질적 존재에 불과한 인간은 상실과 불가능으로 소외된다.

첫째, 한나 아렌트 식으로 말하자면 '나'와 다른 관심과 욕구를 가진 타인들 속에서 우리는 소외된다. 대상은 우리의 의도대로 반응하지 않고 행위의 결과를 예측할 수도 없다. 관계의 불안은 소외의 다른 이름이다. 둘째, 자기 안의 낯선 타자(무의식)로부터 소외된 인간은 내면적 모순들과 충돌하며 날마다 갈등을 경험한다. '나'라는 타자가 쓰는 문장을 '나'는 온전히 해독할 수 없기 때문이다. 그렇다면 장혜랑 시에서의 '혼자'도 개체의 한계에 갇힌 무능하고 유한한 존재로서의 비명, 존재와 존재의 단절을 아파하거나 '내' 안의 타자와 갈등하는 목소리가 전부인 걸까?

함께 읽어 볼 「혼자의 시간」은 장혜랑 시에서의 '혼자'가 지닌 의미를 유추해볼 훌륭한 단서가 된다.

1
세미나 도착지까지 같이 왔는데 종가 종부인 시인 보이지 않는다 2박 3일 뒤 출발하는 차에 그가 탑승했다 아무도 말이 없다 코로나 19로 벅적이던 집 어쩌다 빈집이다 라면 퍼지듯 퍼질대로 퍼지고 싶어 의자에 앉자 어른어른 비 사이로 오래 잊었던 내가 낯설게 걸어 나온다

2
종부 시인

산속 깊이 들어간 그 어디
폐까지 다 열어 놔두고 싶었을
혼자의 시간 넉넉했을까

삶의 능청 그네 타며
고개 아프게 끄덕이며 비 오는 밖
오랜만에 고요하다
―「혼자의 시간」 전문

"세미나 도착지까지 같이 왔는데 종가 종부인 시인 보이지 않는다 2박 3일 뒤 출발하는 차에 그가 탑승했다"란 문장에서 생략된 서사를 복원하자면 다음과 같다. 세미나 장소에 도착한 화자는 함께 온 종가 종부인 시인이 보이지 않아 걱정한다. 그런데 종가 종부인 시인은 2박 3일 동안 세미나를 참석한 후, 타고 온 차에 다시 탑승했다. 화자는 언제나 손님들로 북적대다 코로나19로 다행히(?) 빈집 같아진 집에 돌아온다. 피곤한 화자는 라면 퍼지듯 퍼지고 싶어 의자에 나른하게 앉아 있다. 다들 눈치챘겠지만, 시인이자 종가 종부인 화자는 2박 3일의 세미나를 마치고 이제 막 집에 귀가한 처지다.

화자가 실상 '보이지 않던 그 부인'이라면, 그는 2박 3일 동안이나마 종가 종부라는 멍에를 벗어버리고 혼자만의 시간을 넉넉하게 누렸는지도 모르겠다. 이처럼 장혜랑의 시에서 '혼자'는 현실적인 속박에서 벗어나 본래의 자신으로 돌아갈 수 있는(돌아가려는) 자유를 의미한다. 종가 종부와 분리된 혼자의 시간이야말로 본래적 삶으로부터 소외된 비본래적 삶을 돌이킬 수 있는 구속받지 않는 시간, "폐까지 다 열어 놔두"었다고 표현할 만큼 염원하는 삶의 방식이다.

하이데거는 인간을 자신의 존재 의미에 대한 물음을 제기할 수 있는 현존재라고 정의한다. 그에 따르면 현존재는 정해진 운명에 따라 살아가는 것이 아니라 살아가는 동안 계속해서 무언가가 될 수 있는 가능성을 바탕으로 자신의 존재 이유를 스스로 만들어 나갈 수 있다. 그런데 현존재는 자신이 속한 사회가 요구하는 체제에 따라 살아가기 때문에 자기 자신의 고유성을 드러내는 본래의 삶을 살지 않고 세상이 시키는 대로 살게 된다. 하이데거는 이를 현존재가 익명의 타인들인 세인(世人)으로서 존재하며, 비본래적인 삶을 살아가는 것이라고 보았다. 세인은 특정한 누군가가 아닌 익명성을 지닌 모든 타인이기에, 세인의 일원이 된 현존재는 자신의 고유성을 잃은 채 '종가 종부'로서의 삶을 묵묵히 살아내는 것이다.

장혜랑 시에서의 '혼자'는 저러한 비본래적 삶에서 본래적 삶으로 회귀하기 위한 존재의 몸부림이다. 세인에서 현존재로의 회복을 꾀하는 시인은, 반복되는 일상 가운데 어떻게든 지켜내려는 '혼자의 시간'을 진지하게 경험하고 세심하게 기록한다. 장혜랑 시에서의 '혼자'는 동일하고 단순한 반복이 아니라 무수한 '차이'를 가진 반복이고, '혼자인 시간'은 본래적 삶이 가진 비밀을 발견해내는 은밀한 시적 순간이다. 예컨대 "낭만이 뭔지 모르고 지나간/영혼까지 눌렀던 청춘이 안쓰러워/하루, 다 던지고/꼭 트위스트 같이 한번 춰 봐"(「트위스트 추고 싶다」)라는 시인의 바람은 춤의 혼을 만난 줄광대의 넋이 되어 허공의 문을 연다.

> 출렁, 줄을 굴려
> 몸이 딴 세상의 허락받을 때
> 느린 풍물재비의 바빠지는 장단
> 줄광대 서서히 줄타기한다
>
> 좁쌀 줍듯 아장아장 병아리걸음 걷다가
> 까치걸음으로 바꾸다가
> 휘영청 뜬 달로 뛰어올라
> 줄이 무기체 아닌 생명의 숨 넘는
> 공중제비를 난다
>
> 근심 많은 세상 어찌 그냥 건너랴
> 굴려라! 더 굴려라!
> 하늘 속 높이 들어가 춤의 혼 만날 때까지

  길라잡이 공작털 바람 세기 가늠하고
  단벌의 생이 삭아가도
  태생의 이 신명은 버릴 수 없어
  되느니 안되느니 조립할 일 없네

  세상 사람 몇 빼놓고 다 아는
  나는 춤추는 줄광대
  저 허공 문 열고 마음껏 빛나라
  ―「줄광대」 전문

 '태생의 신명을 버릴 수 없어' 공중제비를 나는 줄광대의 도약은 화자의 본래적 삶이 현현하는 순간이다. 시인은 「트위스트 추고 싶다」의 '트위스트'나 「줄광대」가 추는 '춤'으로써 현존재로서의 표상을 시도하는데, 이러한 의미화는 '내간'이라는 심미적 방식과 결합하며 그 서정성이 확장된다. '내간'의 서정성은 다음과 같은 근원적 질문의 형태로 표출된다. '나'는 어디에서 왔으며, 어디로 가고 있는가?

  엄마 아버지
  제 발자국 소리 들립니까

  나무들은 누구하고 말하나
  여기저기 우거진 그늘과도 살겠다

꽃도 피었네요

무덤에 잡초를 뽑다
종일 말해도 대답 한 자락 없어
바위고개 혼자 여러 번 부르다
형제들 그리워 눈물이 흐른다

그 목소리들 귀에 마음에 내가 사는 날까지
같이 있을 것 같아 뒤돌아서 가는 여기까지
하늘하늘 손 흔들어 나를 보냈다
―「바위고개―인동 장씨 내간 2」 전문

'나'의 기원은 "그 목소리들"로 드러난다. 화자의 귀에, 마음에 사는 "그 목소리들"은 "가슴에 붉은 카네이션 달고" 엄마 앞에서 "서툰 춤 추던"(「우리 엄마는―인동 장씨 내간 3」) 어린 시절의 추억과, "귀 빠진 소쿠리에 가물치 메기 잉어 잡아다 머리에 이고 수십 리 어매 따라 발품 팔"며 "'고기 사이소' 어매 한 번 나 한 번, 쉰 목소리로 외치고 다녔"던 "죽은 고기보다 어매가 더 고단했던"(「사라호 태풍 때―인동 장씨 내간 4」) 삶의 내력, "야들아! 시근없이 너거 애비 밥 모지래겠다 오매 놔두이소 다 귀한지 새낌미더 오매가 지 걱정하시듯이예"(「김 한 장―인동 장씨 내간 8」)란 할머니와 아버지의 대화 속에 묻어나는 내리사랑과, "하늘에 별 따준다기에 남자 평생 사랑밖에 없는 줄 알았"(「신혼—인동 장씨 내간 13」)던 신혼의 달콤한 추억 등을 들려준다.

나아가 "시간은 생물과 같아/실체에 귀 기울여 볼까 다가서면/밑그림도 보이지 않는 안개안개안개"에 불과하지만, "너 저기 있네//눈 온 듯 고고히 핀 매화 한 그루"(「너 저기 있었네—인동 장씨 내간 5)라며 육체와 정신에 깊숙이 각인된 과거를 배후로 "매화 한 그루"인 삶의 실체를 복원해 낸다. 이렇듯 과거를 향해 열려 있는 '내간'의 서정성은 현재와 미래의 성찰적 매개물인 죽음으로 수렴된다.

    강가 실없이 혼자 앉아
    눈에 박혀오는 강물과 꽃에게
    아무것도 더 묻고 싶지 않았다

    강물 위에 핀 붉은 꽃잎들
    앞서거니 뒤서거니 흩어지다 다시 모이고
    불러도 원래 뒤는 안 돌아보는지
    이미 의지해 버린 물과 하나 되어
    때로 한자리 빙빙 돌 때
    어디쯤 살아봤던 고향 기억나는가

가슴은 늘 쓰디쓴 집
이제 흐느낌 없을 저 꽃잎들
물에 뜬 너의 생이 한없이 넓어
춤추듯 출렁대는 뒷모습이 좋네
─「낙동강에서─인동 장씨 내간 1」 전문

시에서의 "강물"이 인간에게 허락된 조건이자 환경이라면, 그 강물 위에서 앞서거니 뒤서거니 흩어지다 다시 모이는 "붉은 꽃잎들"은 무한한 시공간에 찰나의 삶을 의탁했다 사라지는 덧없는 존재들이다. "어디쯤 살아봤던 고향"에 대한 기억을 간직한 존재에게 삶은 늘 "쓰디쓴" 감각으로 환기된다. 시의 마지막에서 "이제 흐느낌 없을 저 꽃잎들"이라는 구절로 미루어, 화자는 삶이 유한하다는 인식, 즉 죽음에의 인식을 대면하는 중이다. 비본래적 삶에서 해방되어 본래적 삶으로 나아가려는 존재에게 삶이 유한하다는 인식은 필수적이다.

하이데거는 죽음에 대한 회피와 무관심이 현존재를 자신의 가장 고유한 가능성으로부터 멀어지게 한다고 보았다. 그러나 서정시는 죽음이 주는 불안으로부터 달아나지 않고 늘 죽음을 선취한다. "물에 뜬 너의 생이 한없이 넓어/춤추듯 출렁대는 뒷모습이 좋네"라는 화자의 고백은, 생의 덧없음과 유한성을 대면하며 살아가려는 실존적 삶의 태도를 예시한다.

지금까지 우리는 장혜랑의 시가 자연 사물과 감응하면서 그것을 바라보는 주체와 응시의 대상인 객체가 일치하는 서정시의 법칙을 고수함을 확인한 바 있다. 세인에서 현존재로의 회복을 꾀하는 그의 시가 크고 작은 차이를 가진 '혼자'의 반복에 기대어 존재의 탐구를 이어감은 앞선 방식과 동시적이다. '내간' 연작은 이 모든 존재론적 서정을 포괄하며 자아의 내부에 깃들인 궁극적 타자, 즉 '삶의 유한성'을 대면한다. 대면함으로써 장혜랑의 시는 "주검처럼 누운 모래여/아무에게나 그 만남이 찾아오지 않아/고난의 관 씌운 뒤 영원한 바다의 주인으로/파도 모래가 이루어낸/여기는 영원한 바다다"(「백사장을 걷다—인동 장씨 내간 7」)라고 노래 부른다. 인간은 '한 알 모래'에 불과하나, 파도는 모래에 영광스러운 "고난의 관"을 씌운다. 파도에 닳아 부스러지는 모래처럼, 장혜랑의 시에는 진솔한 삶의 파편들이 언어의 달빛에 반짝이며 누워 있다. 서정의 바닷가에 자리한 희고 정결한 모래사장이다.

만인시인선 86
인동 장씨 내간

초판 인쇄 2024년 9월 25일
초판 발행 2024년 9월 30일

지은이 / 장 혜 랑
펴낸이 / 박 진 환

펴낸 곳 / 만인사
출판등록 / 1996년 4월 20일 제03-01-306호
주소 / 41960 대구광역시 중구 명륜로 116
전화 / (053)422-0550
팩스 / (053)426-9543
전자우편 / maninsa@daum.net
홈페이지 / www.maninsa.co.kr

ⓒ 장혜랑, 2024

ISBN 978-89-6349-193-6 03810

값 12,000원

* 이 책의 내용의 전부나 일부를 사용하려면 반드시 저작권자나 만인사 양측의
  동의를 받아야 합니다.

만/인/시/인/선

1. **이하석** 시집 | 高靈을 그리다
2. **박주일** 시집 | 물빛, 그 영원
3. **이동순** 시집 | 기차는 달린다
4. **박진형** 시집 | 풀밭의 담론
5. **이정환** 시집 | 원에 관하여
6. **김선굉** 시집 | 철학하는 엘리베이터
7. **박기섭** 시집 | 하늘에 밑줄이나 긋고
8. **오늘의 시 동인** | 「오늘의 시」 자선집
9. **권국명** 시집 | 으능나무 금빛 몸
10. **문무학** 시집 | 풀을 읽다
11. **황명자** 시집 | 귀단지
12. **조두섭** 시집 | 망치로 고요를 펴다
13. **윤희수** 시집 | 풍경의 틈
14. **장하빈** 시집 | 비, 혹은 얼룩말
15. **이종문** 시집 | 봄날도 환한 봄날
16. **박상옥** 시집 | 허전한 인사
17. **박진형** 시집 | 너를 숨쉰다
18. **정유정** 시집 | 보석을 사면 캄캄해진다
19. **송진환** 시집 | 조롱당하다
20. **권국명** 시집 | 초록 교신
21. **김기연** 시집 | 소리에 젖다
22. **송광순** 시집 | 나는 목수다
23. **김세진** 시집 | 점자블록
24. **박상봉** 시집 | 카페 물땡땡
25. **조행자** 시집 | 지금은 3시
26. **박기섭** 시집 | 엮음 愁心歌
27. **제이슨** 시집 | 테이블 전쟁
28. **김현옥** 시집 | 언더그라운드
29. **노태맹** 시집 | 푸른 염소를 부르다
30. **이하석 외** | 오리 시집
31. **이정환** 시집 | 분홍 물갈퀴
32. **김선굉** 시집 | 나는 오리 할아버지
33. **이경임** 시집 | 프리지아 칸타타
34. **권세홍** 시집 | 능소화 붉은 집
35. **이숙경** 시집 | 파두
36. **이익주** 시집 | 달빛 환상
37. **김현옥** 시집 | 니르바나 카페
38. **도광의** 시집 | 하양의 강물
39. **박진형** 시집 | 풀등
40. **박정남 외** | 대구여성시 20인선집